해 지는 것은

달 기다리는 까닭이다

혜솔 안선진 시인

계간 <스토리문학> 시부문 등단
국공립대학 풍수지리사
혜솔 풍수지리연구소 & 다라니 선
제민일보 기획 「풍수! 제주의 산과 물」 연재
제주관광대학교 인테리어건축과 교수역임
제주관광대학교 평생교육원 풍수지리와 인상학 강좌교수 역임

<시집>
『빈바람 속에서 네가 덩그러니 . . . 』
『해지는것은 달기다리는 까닭이다 』

<풍수지리서>
『풍수지리와 인상학』
『제주의 산과 물 . . . 오름에서 만난 풍수』

<제민일보 연재>
「풍수! 제주의 산과 물」

E.MAIL : poongsoolove@hanmail.net

바람 가는곳 알수없고 멈추는곳 알수없는 무심한 하늘 머무는 바 없는 바람 머무는 바 없는 마음 해 기다리는 달 아린 가슴 달빛 앓이 오늘도 별 놓아 울린다

해 지는 것은 달 기다리는 까닭이다

혜솔 안선진 시와 사진

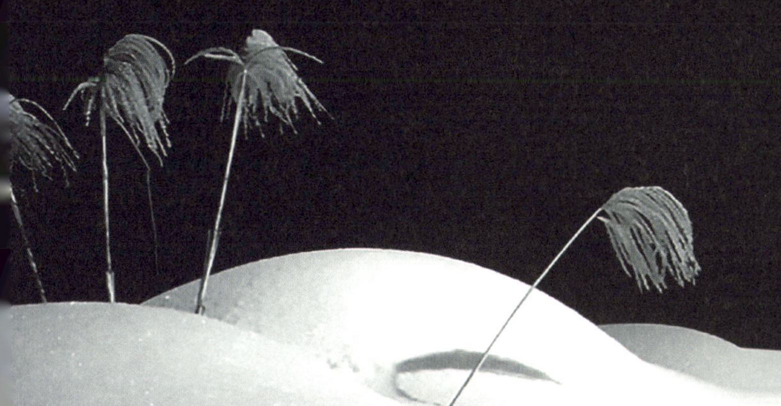

문학공원

달 기다리며

상처를 마주해본 이는 고요하다
가시가 무디어진 탓이다

무딘마음 가는소리
그길따라 눈감으면
너른 바다 품고사는 하늘이 그대를 반긴다

모든것에는 마음이라는 것이 있다
그 마음 놓으면 만나는 달

바람 멈추고 노을지듯
달 기울고 나래접듯
해 눈감고 꽃지듯

지는것은 두렵지않다
스스로 지는것은 곱디 곱다

여는것과 열리는 것 닫는것과 닫히는것
그 누군가의 별

한발자국 내어딛고 두려운 마음에 다시 되돌아오던 길
그 누군가의 소중한 걸음걸음

스스로를 잘 아는것은 늘 부족하지 않게 필요하다
저 멀리 던져둔 스스로를 위한 알음알이

내가 나인지 그대가 나인지
내가 세상인지 세상이 나인지 분별하지 않는 그날
우리는 무딘마음의 산으로 간다

무딘 마음으로 간다

해지는 것은 달 기다리는 까닭이다

달 기다리는 풍경

9 ... 그날
10 ... 나무에게서 배운다
12 ... 우는 너에게
14 ... 신이 허락한 그대
17 ... 그리운 소리
18 ... 여행 떠나는 이에게
20 ... 심장 내려두고
22 ... 해 기다리는 달
24 ... 벗을 보내고
26 ... 접힌 나래
29 ... 물찻오름에서 …
31 ... 너에게 멈추다
34 ... 흔들리는 바람
35 ... 눈감긴 손
36 ... 고목의 눈으로
37 ... 너의 하늘
38 ... 무딘하늘
40 ... 먼길 가는 그대
41 ... 산으로 가는길
42 ... 숨 가름길
45 ... 외줄마음 그 경계에서
46 ... 가을 앞에서
48 ... 그섬 앞에서
50 ... 어리석음
51 ... 마음길
52 ... 내가 숨긴 길
55 ... 누운 그림자
56 ... 산이된 네게
57 ... 풍경소리
58 ... 눈길에서
60 ... 그대가 되다
61 ... 겨울약속
62 ... 바람 지난후에
64 ... 석불사에서
67 ... 연을 보내며
68 ... 내게 오는 그대에게
71 ... 나란히 걷는 벗에게
73 ... 봄길에서
75 ... 인내하는 봄길에서
76 ... 보리길
77 ... 바다비
79 ... 산사로 가는 길
80 ... 있는 그대로
81 ... 섬 그리움
82 ... 바다품 두드리다
83 ... 꽃눈앓이
85 ... 하늘꽃 너머
86 ... 늦게 피는 꽃
87 ... 멀리서 그대
88 ... 그대가 내게 오는 길
89 ... 그리움
90 ... 달기우는 마음
91 ... 산품 가는길
92 ... 산품은 바다

94 ... 산을 품다
95 ... 눈감은 꽃
97 ... 섬지기
98 ... 바람자락
101 ... 무딘길손
102 ... 소리없이 울다
104 ... 눈감은 한밤
107 ... 천상으로
108 ... 눈감은 나무
109 ... 하늘을 열다
110 ... 가을 닮은 나의 벗
111 ... 눈감고
112 ... 달 그리운 암자
113 ... 해너머 그곳에는
114 ... 그 말 한마디
115 ... 삶
116 ... 빗소리에 기대어
117 ... 그 마음
118 ... 길잃은 바다
119 ... 겨울을 배운다
120 ... 밤새 흩뿌리는 희망
122 ... 위심委心
123 ... 그리움 걷는길
125 ... 눈꽃지는 날
127 ... 그날 그대에게 갑니다
128 ... 밤눈
129 ... 그대에게
130 ... 그리움
132 ... 더딘마음
133 ... 나의 사랑
134 ... 하늘눈물
135 ... 눈물
137 ... 그대 뒤안길
138 ... 눈감고 핀 꽃
139 ... 두고온 꽃
140 ... 홀로피어
141 ... 희망아
142 ... 회한悔恨
143 ... 천년솔
144 ... 파도 기다리는 섬
145 ... 먹향따라
146 ... 고운길 나서는 날
147 ... 세월지기 거암
148 ... 눈뜨는 꽃
149 ... 두고온 길
150 ... 낙화
151 ... 솔바람 곁에서
153 ... 바다에 기대어
154 ... 오름 품에서
155 ... 두개의 심장
158 ... 바람섬
161 ... 無心으로
162 ... 無로 가는길
165 ... 아직 우는 너에게

고요함은 지혜를 만든다
지혜로운 인내는
마음의 소리를 다독이는 힘을 가지고 있다

그날

지는 노을빛 바다 붉은 그림자 지는날
그날 가렵니다

풀잎 그늘진날 그날 가렵니다
세상 어둠에 슬피우는날 그날 가렵니다

홀로 눈물삼켜 가슴먹먹한날
그날 가렵니다

그 가슴 더이상 뛰지않는날
그날 가렵니다

파도 너울 멈추는날
그날
나는 그대에게 갑니다

나무에게서 배운다

감당할수 있는
무게만큼만 담는다

감당할수 있는
마음만큼만 담는다

휘기전에 기울이고
고개숙여 겸손히 대지를 재운다

여름내 푸른잎 열어두고
맺힌 홀씨 바람길 격려한다

오늘도 나무에게서 배운다
나무는 나무를 놓아야 대지를 만난다

우는 너에게

울지마라
그리움 자락 소리내어 흔들어도
눈물머금은 너의 숨죽인 기다림 알고 있으니

울지마라
네게 가는길앞 멈추는 마음 누르며
흔들리는 내 마음 질책하고 있음이니

울지마라
너에게 갈수 없어
너 홀로 그 바다에 남겨둔것이 아니니

울지마라
영원히 네곁에 있으려
하늘길 열어 가슴에 두었으니

울지마라
너의아픔 그대로 내게 부딪혀
섬자락 그 품안에 너를 끌어안고 있으니

울지마라
너를 아리게 하지 않으려
한걸음 뒤에서 네가 가는길 열고있으니

울지마라
세상에 너를 홀로 둘 수 없어
눈감지 못하는 내가 여기 있으니 . . .

네가 우는소리 심장에서 울린다

신이 허락한 그대

그리 보내려 가슴 죄여 애를써도
이내 마음한복판에서
자라나는 모진 응어리

그리 마음다져
문 걸어 잠그어도
어느새 열리는 마음의 문

찬바람 모질게 그리 내쳐보아도
어느새 가슴 한복판에서 피어나는
가시가득한 꽃

그 인연의 마지막 자락 소멸의 경계에서
뿌리엉켜 하나 되어버린 숲

그 심장 다한 그날
신이 내게 허락한 그대

나를 놓아야 허락되는 그대

그리운 소리

산 흔들리는 소리
산바위 우는소리

빗방울 후두둑
나뭇잎 사이로 떨어지는 소리

바람 지나는 소리
숨멈추는 산소리

저 멀리 바다 부르는 소리
산자락 파도 밀어내는 소리

바람 산내리는 소리
산 굽은등 숲 밤 기다리는 소리

귓가에 흔들리는 그리운 산소리

여행 떠나는 이에게

지난 시간의 위로
새로운 시작의 움직임

깨어나지 못한 사고의 전환
후회하는 흔적의 삭제

사랑하는 마음의 시작
흔들리는 마음의 다독임

너를 사랑하기 위한 준비
나를 비우는 마음의 연습

어제를 보내기 위한 나의 위로
내일을 준비하기 위한 시간의 창고

그리고
스스로를 다독이는 사랑의 선물

심장 내려두고

산만 바라보는 나무는
오늘도 밤새 산노을 생각만 합니다

늘 기다림의 숙명을
가슴에 안고사는 나무는
오늘도 그리 서 있기만 합니다

보듬던 꽃잎 떨어지던 그 아침
잊혀질 사라진 흔적의 기억
모두 잃은 텅빈마음으로

심장 내려두고
오늘 나무는 다시 이곳에 서 있습니다

지나지 않을 바람을 기다리며
이슬눈 되어

그리 망부목되어
그곳에 그리 서 있기만 합니다

해 기다리는 달

온밤 지세우며 해만 기다리는 달

그밤 지나 기다린 해 고개 내밀고
달은 해를 쫓아 달린다

저멀리 하늘너머 너른바다
고운빛 바다에 떨구며
기다린 해 사라진다

사라진 해너머 그림자만 바다에 잔잔히 흩어진다

숨죽여 빛나지 못하는 달

오늘밤 다시 지세우고
내일 만날 해를 먹먹히 기다리는 달

아린가슴 달빛앓이 오늘도 별놓아 울린다

벗을 보내고

먼저 가는이는 나여야하고
보내는 이는 지켜보는 시간 내내 가슴 미어지고

다시 돌아올 그날 기다리며

그밤
그바다 한가운데 뿌린마음 그대로 거두고

지켜주고져 하는 마음
기다리고져 하는 마음
믿고저 하는 마음
그마음 안에 단단해진 같은 인연

이밤
밤빛속 사라지는 흔들림
기다리지 못해 목놓은 안타까움

그리하여도
인내하는 침묵의 시간

접힌 나래

바다를 뒤로한 빈하늘
너를 향해 다가가는 작은여운

빈들판에서
오늘도 변함없이 서있는 너에게
들켜버리고픈 작은 흔들림

너를 뒤로하고
너를 향한
식어야만하는 뜨거운 가슴

바다의 깊이와 해와 달이 오고간 세월동안
둘러대는 신의 . . . 그마음

오늘도 그 들판에서
너의 동공을 향해 걸어 들어가는 나는

잠시 나래접어두고
너를 지켜야만 하는 작은 바람이어야한다

물찻오름에서 …

인내의 시작
자비의 마지막자락

그대 멈추어선 그자리

말찻오름의 작은 질투와
천미천의 인연 맞닿은 여인 물찻

너울비 옷자락에
숲거울을 만들어낸 신의 사랑

빗방울도 눈김긴 긴숲
잠든 지는밤

마주하고 눈감아야 내려지는 心의 자락

깊은배려는 숲에서 살고
그대 긴비녀는 가슴에서 산다

너에게 멈추다

바다
구름옷 걸치고 흔들리다

산
하늘 빗소리 담고 고요하다

바위
이끼로 새월흔적 담고 머무르다

산새소리
바람담고 날아오르다

산 하늘 열고 바람 구름 열고 열린태양 바다를 향한다

그대 눈빛 하늘담고 그리 멈추다
그대가 열리는 그 바다로 내가 향한다

여린마음 하늘에 맡겨두고 오늘도 너에게 멈추다

두려움은 늘 어둠과 함께한다

두려움은 소리가 난다

그 두려움의 소리는 밀어내는 이에게 약하다

흔들리는 바람

바람이 지나길 기다리다

바다 너머 오름 등줄기 타고 나르는 푸른 들판
가슴으로 성큼 다가서는 태산같은 바람

벅찬 흔들림 두려운 한발

바람에 흔들리는 원망
그 바람 뒷모습에 눈물떨구는 어리석음

요동치던 바람 지난후

들판에서 다시 몸가누는 풀잎
부러진 가지위에 돋아난 새잎 눈물자욱 뒤로한 하늘

바람 흔들리다
그바람 흔들리는 길목마다 그대마음 열어두다

눈감긴 손

나의섬에 가둔 감정의 소유는 고독이라는 집을짓고
그대 숲에 가둔 감정의 자유는 외로움이라는 멍에를 만든다

스스로가 만든 세상에 홀로 걸어들어가
저홀로 자물쇠를 채운다

고독이 남겨준 자유로운 영혼의 사유
외로움이 남겨준 닫히지않는 영혼의 대화

그리고
빈손자락 따라걷는 하얀아침

자유로운 영혼의 문 열어주는
동행하는이의 눈감긴 손

고목의 눈으로

어느날 문득 뒤돌아본 나무
고목이라는 이름으로
세상에 던져져 우뚝 서 있어야하는
커다란 무거운 가지

어느날 문득 고목이 된 여린나무
주어진 사랑과 관심만큼
점점 굵어만가는 둥근 나이테

산을 이루고 또 바다를 이루던 그 행복
다해버린 저녁노을 앞에
우두커니 자리 지키고

나무는 세상을 들여다본다

나무가 사랑하는 하늘과 바람 그리고 지금
나무가 그리워하는 또다른 세상

고목 되어버린 어느한낮
지나가는 너울바람 그리운 그날

너의 하늘

흐린하늘 어둠 밀려드는 소리
하늘비 내리기시작하는 시월

안개속 멀리 아득한 한구루 신목
그 나무아래 기대어 소리내지 못하는 마음

붉은 나뭇잎 빗방울 우는 소리
그 소리 안에서 요동치는 신의信義

빗소리 그친후 만나야하는 긴 공백의 시간
내리는 비 밀어두고 메어둔 방랑

빈공간에서 떠도는 고요함
그 고요함속 깨어나고 싶지않은 감은 눈

꿈에서도 그리운 너의 하늘

무딘하늘

파아란 하늘위에 너를 깨워 날리우다

더도말고 덜도말고
천번 다짐하며 날리우다

아픈색 지우고
고운 그리움 흔들어 날리우다

상처나는 색 지우고
행복담아 고이접어 날리우다

그하늘에 너를 담고 그 바다에 마음 내려두고
무딘색 물감 흩어 날리우다

아파 울지말고
슬퍼 눈물 담지말고

마냥좋은 오늘만 가득채워
바라만 보아도 행복한 나를 담아 날리우다

나의 종이위에만 담아지는 무딘색을

이제
꿈속에서 잠시 흔들어
고운빛으로 하늘 멀리 날리우다

먼길 가는 그대

가는길 조금 더 열어두고
가슴에 남겨두는 마음

가는길 조금 더 감추어 두고
애석하게 돌아보는 마음

가는길 조금 덜 사랑하고
뒤돌아 그리움 남겨두는 마음

가는길 조금 더 가슴에 잠재우고
다독이며 더 그리운 마음

가는길 조금 덜 꺼내두고
홀로 더 아파도 무심한 마음

조금더 열리면 닫혀질까 문 걸어잠근
먼길가는 마음

애석히 사라진 돌아오는 길
허락되지 않은길

산으로 가는 길

푸른산 안개 가슴담고 눈을 뜨나
빗방울 흔들리는 바람담고 가슴열다

가슴열린 푸른산 고요히 깊게 흔드는 바다

스스로를 세상에 던지지 않는마음
스스로 마음 깊어지는 이

흐르는 세월 보내주는 마음
흔들린가슴 슬어주는 손

어제를 보내주는 산소리
오늘만 들려주는 물소리

그마음 담고 오늘도 걷는 그길

숨 가름길

하늘 고요하고
가는길 멈추는 잠든구름

바람 일렁이고
파도따라 넘고픈 바다마음

해뜨고 해지던 고운하늘 그빛따라
함께 흐르고픈 숨가르는 파도자락

그바다 끝자락까지 함께 걸어야 나타나는
무던히도 기다린 지는 노을

홀로 날아오른 어린 갈매기
그 날개 하염없이 바라보는 이슬 눈동자

이슬눈 가슴에 담고 뒤돌아 웃어주는 고요한 반달눈

그 바다에 모두 내어준 그대마음 가는길
숨 가름길

외줄마음 그 경계에서

한발 내딛을곳 없는
하늘 끝사락위에 서있는 너를 그리나

두려운 마음 숨겨둔 품
한걸음 물러서다

놓을수 없는 마음 주워담고
그 자락위에 나란히 너와 서다

하늘자락마다 맴도는 열린 그리움
그 사이로 닫아두는 두려움

오늘도 너를 그리고
오늘도 너를 지우다

눈 감고 그리움 그리고
눈 열고 애달픔 지우다

놓을 수 없는
하늘과 바다의 경계에서

가을 앞에서

바람 흔들리다
바람 가는길 다투어 마음 흔들리다
그마음 한곬이라 흔들리지 못한다

낙엽 떨어지다
낙엽바람타고 하늘길 떠나다
그하늘 한곬이라 떠나지 못한다

나무 새옷입다
그나무 가을바람 등에지고 겨울산 기다리다
그산 한곬이라 떨어지는 낙엽만 품는다

세월 흐르다
그세월 밤마다 태양을 바다에게 보내다
그 바다 한곬이라 태양만 기다린다

가을 . . . 날마다 깊어져 그사랑만 품는다

그섬 앞에서

노을지는 해를 따라 무작정 달려갔던 섬
그섬에 발을 딛다

사람 그림자 없는 해안
수놓은 해풍 맞이한 소국 한아름 끌어안다

해를 바다로 보내주는 섬
바다 가로막은 발길없는 섬

이밤 지나야 허락되는 섬
태양 아래서만 허락되는 섬

홀로 남겨두지못해 섬에서 기다려보는 아침
외면한 섬 발자국
누군가 끌어안았을 뜨거운 가슴

하늘을 기다리고
바람을 기다리고
기다리고 기다리고 또 기다리는 섬

섬에 내려두고 돌아오지 못한 마음

어리석음

스러지는 마주한 낙엽
그 낙엽따라 흔들리는 기억

소리내 우는 어둠
그 어둠 밀어내는 소리햇살

어둠 밀어두고 맞이하는 아침
그 아침 여는 소리바람

가을 가는소리
그 소리너머 밀려오는 겨울

서성이며 맴도는 겨울
그 겨울속 눈감긴 그림자

겨울 그리운 소리
그소리 걸음마다 귀기울이는 그리움
소리햇살에 열리는 그대심장

마음길

가야할 길
내려누고 가야하는 길

가야만 하는길
그리두고 가야만 하는 길

서성이며 맴돌던 그길
뒤돌아 서서 가야할 길

지금이 아니면 안되는 길

아픈상처 사그러지지 않는 멍에
이제 내려두어야하는 길

더가면 사라질것만같은 갈래길에서
다시 뒤돌아보는 미련한 마음

이제는
뒤돌아 울어도 아니되는 그길

내가 숨긴 길

푸른바다 등지고 하얀구름 뒤로하고
가슴에 부는 바람 눈감고

이는 바람결에 흩날리는 머리카락 드리우고
거친 숨소리 부서진 바람에 날리우고

오늘처럼 하늘우는 날에는
발자욱소리 들리지 않는 숨은길 따라

그리 불어보는 바람

지치지않는 숨 바람
눈물 마르도록 가는 바람

오늘처럼 사라지고픈 날을위해
바람되어 헤매이던 내가 숨긴 그길

누운 그림자

파란물감 흩뿌린 하늘
산룡 꿈틀대는 능선

누운산 되새김질하는 고개숙인 봉우리
그자락 머리휘감은 산요

회색빛 하늘 맞닿은 바다
그바다 휘감아 안고사는 섬

그섬 지키는 낯익은 바람

그산에 첫발 내딘은 그대
그대 품안에서 숨쉬는 허망의 숨결

그숨결 속에서도 떠오르고픈 달
잊어도 좋을 내려도 좋을 세상

겨울 한낮 누운그림자

산이된 네게

맑은 산
이미 네 눈속에 담겨있다
네 눈동자에 머무는 고운빛 향기되어

고요한 산
이미 네 가슴에 담겨있다
네 움직임의 고즈넉함되어

그리운 산
이미 네품에 안겨있다
네가 품은 세상속 아득히 바라보는 노을되어

너른 산
이미 네가 되어있다
바위틈 우뚝서있는 뿌리깊은 나무되어

깊은산
이미 네가 되어있다
네가 담은 산마음 깊은 계곡수 되어

미련한 세월 이미 네속에 잠들었다

가리어져 눈감았을 뿐 . . .

풍경소리

인적없는 외길 구불구불 산길따라 오른 바닷길 열린 산허리품
마음담아 날려보낸 나무 조각새 내려앉은 이땅

바람 살포시 두드리는 소리
구름 잠시 멈추는 소리

대나무 흔들림 다가오는 소리
하늘문 바다로 열리는 소리

그소리 지켜낸 감은눈
그소리 담아낸 기다림

여리고 작으나 곱디고운 발길 멈추고 숨멎게하는

풍경소리가 된 세월
세월이 된 풍경소리

눈길에서

노을 내려앉은 오름자락
그길따라 걷는소리

마음 헤매이는 소리
그 마음 닿는 앓이멈춘자리

지난 바람소리 그리움
먼저간이의 발자국따라 걷는 소리

내려앉은 그리움 무더기
흩뿌리는 상처 다독이는 소리

눈송이 따라 떨어져보는 마음
그마음 따라 흩날리는 바람

그바람 따라 가고픈 오늘

그대가 되다

뜨거운 가슴 열린 하늘 따라 별이되다
홀로 그별 스스로 빛이되어 밝은 하늘 되다

남모르게 피던 그꽃 꽃잎 흩날려 해가되다
홀로 그꽃 홀씨날려 홀잎돋아 따뜻한 세상 한곳 되다

지는태양 기다리며 솟아오른 푸른바다 달이되다
홀로 그달 어둠 열고 고즈넉한 밤하늘 수놓은 고요함이되다

홀로 하늘 열고
파도를 이끄는 바람 되다

오늘도 그대가 되다

겨울약속

멈추고픈 흐르는 강
그강따라 흐르는 바람

강바람따라 흩날리는 눈꽃
멈추고픈 요동치는 심장

오늘의 눈물고인 약속
오늘 무심히 지나 다가오는 내일

도닥임속 가리워진 눈물
늘 눈감은 세상 너머 아득한 기다림

흔들려도 좋을 하늘 물길
그 길앞에 염려하는 더딘이의 남은길

꽃눈 떨어져 잠든 강의 약속
습관된 야속한 그리움

바람 지난후에

바람이 지나길 기다리다

바다 너머 오름 등줄기 타고 저 푸른 들판에서
가슴으로 성큼 다가서는 태산같은 바람

벅찬 흔들림뒤에 두려운 한발

바람에 흔들리는 원망
그 바람 뒷모습에 눈물떨구는 기다림

요동치던 바람 지난후

들판에서 다시 일어서는 풀잎
꺽인가지 위 돋아난 새잎
눈물자국 뒤로한 새하늘

다시 바람이 운다

그바람 흔들리는 길 열어두고 잠시 숨 고르다

귀열고 눈 감다

석불사에서

구불구불 요동치는 산자락
꿈길속 거닐던 길

푸른산 등에지고 좌선한 석불石佛
자락 자락마다 새겨놓은 손끝떨림

떨림속 숨겨놓은 사모하는 마음
그 마음 모두 녹아든 마애양각

약속 담아낸 바위고요속
살아 숨쉬는 병풍산 마음

기다림에 스러질까 내어주고픈 감로수

한돌 두돌 쌓아올린 누군가의 소망
오르는 마음마다 눌러지는 설움

귀열고 눈감은 병풍바위얼굴

연을 보내며

그대 가는 발걸음 따라 걷다
그대 옷자락 내민연꽃 너머 그대를 숨기다

문득 뒤돌아 그대 찾다 마주친 그 연꽃에
발길 멈추다

흔들리는 가지 흩날리는 연잎 그 너머
아련한 그대 뒷모습

연잎 숨고르는 밤
마음 내려두는 소리

지는것은 고요하다
꽃진 자리위 내민연잎 못 가리우다

지는것은 순하다
연꽃 떨어져 본래자리로 돌아가야
연은 다시 꽃을 피운다

연은 꽃을 놓아야 연과를 만난다

내게 오는 그대에게

가지 끝자락 솟아오른 햇살 품고
숨쉬고픈 붉은 꽃눈

이웃한 가지 넘겨보고
바람 부딪힘 기다리는 꽃눈

해그림자 꽃그림자로 성큼 다가오는 설렌 기다림

꽃눈 바람에 꽃봉우리열고
꽃잎 마음 열리는 소리

그대 마음 머무르는 소리 그 마음 숨고르는 소리
그대마음 다가오는 소리 그마음 품에 안기는 소리

나를 찾을 그대위해
모두 열어둔 나의 마음 가득담아 기다린
꽃

나란히 걷는 벗에게

먼길 돌아 세상 나아가
사곡사곡 그대가 시어내는 내일

고운마음 나누어
알음알음 쌓는 비워지지 않는 창고

빈세상 가득 채우고도 넘치는
하나둘 모아 나누는 마음

그대 가는길
그길에서 하나둘 모여든 발걸음

잃어버린 마음
다시 찾아주는 마음길

홀로 걷는이 곁에서 함께걷고
보듬고 손 꼬옥 잡아주는 마음

그대 가고있는길
그대 가야하는 그길

그길 나란히 걸어가는 아름다운 벗 그대

봄길에서

겨우내 기다린 봄길에서
그내 서성이다

흐드러진 꽃잎 사이사이
아련한 그대

숨죽이고 기다린 그 봄길에서
그대 마주하고 우는 심장

오지않을 발걸음
떨어지는 꽃잎 애석함 누른심장

하루 또 하루
무심히 지는꽃 앞에서 감아버린 두눈

기다림 허물 깊어진 겨울
그림자 허물 던진 봄

겨울은 그리 길고 또 길고
기다리던 봄은 눈감은 동안 지나다

세월가도 잠겨진 문
눈감아도 열리지 않는 빗장

인내하는 봄길에서

봄길에서 뒤돌아 너를 그린다
새벽이슬 너를 머금고 아침햇살 너를 깨운다

겨우내 눈감은 너는 땅속에서 인내를 배우고
새봄 새눈 열어 너의 세상을 만난다

겨울 지나야 눈을 열고
이봄 지나야 태양과 마주한다

뜨거운 태양과 눈 마주해야
이가을 너의 인내로 익어가는 열매를 만난다

시간 지나야 익는다

인내속 긴 기다림
네게서 배운다

봄은 꽃을 놓아야 여름을 만난다

보리길

너른 들판 너머 흔들리는 너에게 향하다

바람에 너를 맡기고
태양을 향해 고개내밀다

너울바람타고
네마음 이미 들판 너머 언덕을 오르다

한아름 품에안겨준 꽃
그 너른 들판에 너와 함께 안기다

저녁놀 깊게 물든 연못속 길어진 네 그림자

해는지고 어둠 너를 가리우다
동공은 너를 향해 멈추다

오늘
너를 담으려 애석한 들판 서성이다

바다비

섬고요 작게 흔들리고 발길잃은 바람 눈감다

바다
하늘아래 잠들다

사월해안 흐드러진 파도꽃
푸른빛 바다 물들고

연초록 잎새 새옷 나부끼는
그 바다에서 물그림자 흔들리다

가던길 멈춘 눈물꽃
하늘 푸르름 바다위로 내려앉다

아름다운 오늘 하늘에 두고 기억너머에 묻다

산사로 가는 길

걸음걸음 맑은바람 흔들리는 푸른새잎
오소록 산사로 가는길 그길따라 흐르는 물소리

모난돌 둥글게 굴리고
넘지 못하는 산자락 돌아흐르는 물

잠시 나무그늘에 숨돌리고
햇살만나 반짝이는 이슬눈

조금더 가까이 다가가고픈
손마주한 푸른솔 두얼굴

눈감고 세월 흐르는 소리 눈감아야 가슴에 닿는소리

인적사라지고
산소리만 가슴에 남겨두는 길

있는 그대로

놓아주기
처음있던 자리에 놓아두기

보내주기
헤매이는 그마음 비워두기

잊어주기
움켜쥔 그마음 내려두기

안아주기
작아진 마음 다독이기

웃어주기
스스로의 마음 격려하기

바라보기
맑은하늘 푸른들판 가슴담기

보이는대로 아닌
있는 그대로 알아차림으로 사랑하기

섬 그리움

다가가 멈추다
긴 바닷길 밀려와야 만나는 그대

하루 두번 다가가고 하루 두번 멀어지다
다가가 그품에 스며울고 눈물마르기전에 멀어지다

다가와 스러안고
밀려가 안길품 내어주다

바다 다가와 만나고
파도 밀어내 울리다

바다 그립고
파도 애타는 섬 그리움

그섬에 우리 발딛다

바다품 두드리다

빛 두드리다
모아서 흩뿌리고 흩뿌려 담아지다

하늘문 두드리다
붉은태양 아래 푸른물감 풀어헤치다

지는노을 내려앉다
섬품 내려앉아 바다를 향하다

바다물결 흔들리다
내려앉을 설레임 노을 그품에 끌어안다

노을
바다에서 잠들다

그리움
잠든 그대품 두드리다

꽃눈앓이

흔들리는 그대 옆자리
여린뿌리 땅에 단단히 내리다

세월묻은 그대옆자리
굵은 나이테 꿈꾸는 뿌리앓이

눈물자욱 그대 옆자리
가지끝 그 눈물 바람 꽃눈앓이

눈감은 그대 옆자리
꽃눈 두드려 문을 열다

꿈꾸는 그대 옆자리
그꿈 흔들리지 않으려 숨죽인다

꽃눈곁에서
오늘도 그대는 아파도 안아프다

하늘꽃 너머

숨고르고 먼하늘 바라보다

멀어진약속
그안에 스스로 남겨지다

오늘은 더디고 그리운 내일은 멀기만하다

나란히 곁에서 약속하고
멀리서 그립기만 하다

홀로 약속하고
홀로 날마다 그립다

내딛지 못하는 돌아선 발걸음
서둘러 후회하다

늦게 피는 꽃

더디게 가는길
하루만 더 기다린다

하루더 늦게 피고
하루만 더 기다린다

오늘 꽃눈 열면
내일 걸음하실 그님 오늘은 나를 못볼까
하루만 더 늦게핀다

늦게 피는꽃

그리움은 버려도 버려도 남는다

멀리서 그대

담는것이 두려워 멈추는 한발

아파진 가슴안고 달려간 바다품
미어진가슴 쏟아내도 묵묵한 바다

모른채 담아두고
담아두어 메워진 그리움

담아서 아프고 놓지못해 서럽다

담은 이는 그립고
알면서도 뒤돌아선 이는 애닯다

밀려오는 하늘과 오늘도 달기다리며 마주한 바다

그대가 내게 오는 길

내가 가는 길을 걸었을 그대
그대가 오는길을 걸었을 나

반세월 지나는 동안 서성이며 지나친 무심한 그길

돌아서 눈감고 걸어도 비켜서지 못하는 인연
서둘러 걸어도 앞지르지 못하는 인연

작아진 마음 한자락 그 길가에 묻어두고
서성이는 그대 내게 돌아오는 그길

오늘도 그리하여 마음 내리는 긴억겁 인연나래

그리움

버리고 버려도 한발자욱앞에 늘 우두커니 서 기다린다

헤아리지 못하는 마음 홀로 채워도 비어있다

애닯픈 마음 채워지지않는 저녁하늘
그리움은 바다를 향한다

해는 지고 밤 내려앉아
그리움
하나 둘 저 바다를 떠돈다

밤새 불밝힐 바다 닮은 고깃배
눈부신 태양 밤새 드리우고

그파도에 그리움 접어 고이 내린다

달기우는 마음

말하지 말것을
가슴에 담아 누르고
담아서 담아서
세월지나 가슴에 무거운 돌되어

기다리고 기다려
그세월 바위에 푸른이끼 잠들어도

비젖은 목소리 남기지 말것을 가슴에 차곡히 쌓아둘것을
서럽다 말하지 말것을
달기운 마음에 빗물 떨구지 말것을

그대가 마음 잃은 그날
달기다리는 그 마음 함께 접어둔 그날

후회는 저버린 이의 몫인것을

산품 가는길

한발 다가가
만날수 있는 숨소리

한발 내딛어
품을 수 있는 산자락 소천

발걸음 옮겨야
품에 안길수 있는 작은마음

발걸음 멈추고
걸어 들어간 산허리 품

산품 숨소리
네 품에 파고들어 내딛은 한발

벗은 발 내딛고
산품에 잠들어 잊고픈 세상

그 발걸음 접어 뒤돌아 흐르는 물
산품에 숨긴 빈품 뒤돌아가는 미련한 길

산품은 바다

바다 물방울 머금은 소리
풀벌레 나래접는 소리

바다내음 밀려오는 소리
귓가에 속삭이는 푸른 소리

밤바람 구름 밀어내는 소리
달빛에 구름 안기는 소리

밤바람 구름 밀어내는 소리
달빛에 구름 안기는 소리

밤바다 향긋한 소리
그리운 소리

바다에 산그림자 나래접는 소리
잠든 산그림자 품는 소리

밤바다 부르는 그리운 소리

산을 품다

안개너머 바다 눈감기고 열리다
넘나드는 하늘안개 하늘을 열다

세상 모든 사연 닫아주고 묻어주다
기도하는 이의 마음 안아주고 열어주다

청태 머금은 침묵바위
그세월 곱게 새겨 품어내다

안개바람에 마음 내려두고
산자락 버틴묵언에 세상 묻어두다

날개내린 그들속에
작은 나를 슬며시 드리밀다

그 마음 온전히 산자락에 머물다
멀리 안개길 따라가는 마음

너른 세상 눈감고 산을 품다

눈감은 꽃

떠오르는 태양 한여름 뜨거운 꽃바람

여린뿌리 초록긴목
사랑스런 수수한 맑은잎

돌아보는 마음 짊어진 무거운 짐
하늘아래 눈뜨지 않아야하는

젖은이슬 적막하고 홀로인듯 외롭다

하늘꽃
다가서면 외롭고 멀리서면 그립다

눈감은 꽃
피어버린 아침이 애닯다

섬지기

바다로 향히는 노을따라
붉은물감 흩뿌린 하늘길 따라 나서다

섬끝자락 발딛고
한발더 파도길 딛어보다

뜨거운 태양가슴담고
날마다 새로운 숨으로 하늘 멈추다

섬노을 담아 먼하늘에 던지고
섬바다 날마다 하늘속에 녹아들다

그리고 그려서 더 그립고
담고 담아서 더 서럽게 깊다

담아도 담아도 비어있고
비우고 비워도 담겨있다

섬은 바다를 하늘길에 담고
섬지기는 긴 그리움 마음길에 담는다

바람자락

하늘 눈감고 꽃바람 불어오는 그날
그대 내게로 오다

한낮 뜨거운 태양
풀잎 고개숙인 숨 이겨내던 그날
그대 내게로 오다

지는 낙엽 나무 이별하던 그길따라
그대 내게로 오다

하얀 눈길 그대 발자욱 따라걷는 그길따라
그대 내게로 오다

그대 오는 그길 저만치 앞서
내게 오는 그대 기다리다

그리운 바람자락 소리내어 내게로 오다

무딘길손

이유없이 끌어당겨
낯선길에 그대를 내려둔다

낯선길 위 내려둔 마음
우리가 젊어진 길손마음

네게온 낯선이
무딘길손

스스로의 마음
익혀진 습으로 아는 자성自性

일음알음 스스로의 마음
이미 모두 알고있는 마음

헤매이던 글들의 그 마음을
이제야
하얀눈 얹은 내안에서 에둘러 만난다

비워두어야 만나는 그대

소리없이 울다

울지마라
내마음 두드리는 네 목소리
못들은척 지나치는것이 아니니

울지마라
시작되는 나의하루
그 한중심에 늘 네가 있었으니

울지마라
곁에 머물지 못해도
내마음 늘 네곁에서 잠들었으니

울지마라
늘 고요히 저만치 서성이는 네곁에
내가 항상 다가가 머물렀으니

울지마라
네가 울었을 그 많은밤
나역시 그하늘에 내눈물 채우고 있었으니

울지마라
그리움 소리없이 다가와 너를 울릴때
나의 그리움도 너였으니

울지마라
애석한 너의사랑 가슴치며 다가와 나를 울릴때
내사랑 늘 너위해 비워두었으니

눈감은 한밤

세상 그리운이 하나
곁에 두지 못하는 작은 마음

미련한 마음 탓하며 이밤
돌아서 눈물 머금다

내어주지 못한사랑
말놓지 못하는 서툰 여린마음 질책하다

오늘도 밀려드는 파도는 제길따라 가슴을 헤집고
내마음 가는길 잃다

이밤지나 새벽눈 열려도
마음은 아직 한밤을 헤매인다

천상으로

가슴 아리다

숨 멎다

바람소리 그대로 바다 머물다
하늘 그대로 잠든바다 헤매이다

빗방울 그대로 파도너울 등뒤에 남다

지는어둠 그대로 태양 잠재우다
겨울얼음비 가슴에 내리다

그대숨 멎어도 아직 내맘 여여如如하다

눈감은 나무

체오름 품자락
그에게로 가다

인적없는 구곡수 무심히 자란 풀잎
소리없이 꽃피우다

세월과 함께 인내한 내려앉은 마음 뿌리
하늘 향해 가슴열다

열고 열어 끌어안은 세월
나무에 묻어둔 수많은 사연

홀로 가슴에 묻고 홀로 우뚝서다

그대는 나무에 사연을 묻고
나는 그대에게 가을을 묻다

하늘을 열다

새벽여는 태양
태양너머 희망
어둠 장막 거두는 새벽

걸어왔던 길 거두고
새로운 길 열어보는 하늘아침

나를 향한 오늘의 화두
그대 위한 오늘의 시작

지금 열어두는 하늘
그 하늘에 담을 뜨거운 내일

가을 닮은 나의 벗

인생길목에서 마주한
참 많이 나를 닮은 나의벗

같은 생각
같은 얼을 담고있는 마음

눈동자 속 감춘아픔
숨기고픈 절망 보여준 눈빛

먼저 생에서 이어진 업
이생에서 보듬어지는 연

주춤 놀란 닮은 마음
가슴아린 애닮은 연

두려운 한발 그리운 기다림
석승되어 보듬어준 상처

벗을 닮아버린 여린마음
그마음 끌어안아보는 가을닮은 마음

눈감고

하늘의 별
파도를 움직이는 바람

산등성 아름다운 노을
푸른여름 밤바다 풀벌레울음

존재와 공존의 울타리안 여운

가슴에 담은 미움
미움을 이기지 못하는 심장

눈감고 심장소리 누르는밤
이루어지지 않을 날마다의 기도

남겨두지 말아야하는 흔적

밤새 울고있을 심장
오늘도 잠재우는밤

달 그리운 암자

그섬으로 달려간 이에게 물길 열어주소서
마음 여린이에게 한송이 꽃 놓아주소서

이길에서 만나야하는 소망 잊지 않게 하소서
이미 들어선 이길에서 만난 인연으로 울지않게 하소서

가던길 뒤돌아 머뭇거려 놓지않게 하소서

그리고

홀로 다른길 가야하는 미련함으로 가슴치지않게 하소서

어둠내린 암자에서
눈감은 달 그리움 지게 하소서

해너머 그곳에는

해니머 그곳에는
고운숨결 잠들어 있을게다

먼저간 이들의
젊은날 단단한 소망이
푸른들판 지는노을 머금고 있을게다

그리움 얽힌 모든 사연
하나둘 실타레 풀어헤치고 있을게다

그리움 서로 보듬고
서로의 눈물 그림자 끌어안고 있을게다

그들이 그토록 가슴죄며 놓아준 인연이
오늘도 숨쉬고 잠드는곳

여기

그대들이 머무는 이자리

그 말 한마디

말하지못해 조급하고 성급히 말해 침묵하다
살피지못해 돌아서고 돌아서서 후회하다

언어는 마음을 누르고 번뇌는 기다림을 만들다
인내는 욕심이고 배려는 이해를 위한 준비다

다른길을 향해 달음질치는 언어
하늘 차갑고 바람 멈춘날

오랜시간 가슴이 던지는 그말 찾아 헤매이다

오늘 그말 한마디 내려두다

사랑

삶

부서지기 위해 밀려오는 파도

밀려와 부서지지 못하는 그날
파도 잠들다

삶이라는 것은 그렇게
조금씩 밀며가는 것이다

한번에 모두 부서지지 않도록

조금씩 조금씩 밀러 다가가고
작게 부딪혀 되돌아 오는길

멀어지지 않도록

오늘도 파도는
밀며 돌아오는 연습을 한다

빗소리에 기대어

무게 이기지 못하고
흐르는 기억너머 빗소리

무거운마음 비 눌러담고

계절 바꾸는 찬하늘
울고 또 우는 빗소리

흐르는 시간 밀어내며 잔잔해지는 그들

세월앞 놓아둔 마음
세월뒤 묻힌 기억

여전히 내리는 비
비내리는 새벽하늘 꿈속 헤매인다

비 하늘 기대어 울고
네가 오는 소리 가슴에서 울린다

그 마음

너무나 가득해진 너른 하늘
그안에서 깊어진 구름

날마다 새로운 꿈 품는 하늘
날마다 태어나는 태양

너무나 많은 사연속에 묻혀 놓아진
그대 위한 시간

무명無名으로 놓아진 숨고름 시간
탐貪으로 밀어둔 파도너머 부서진 마음

그뒤에 숨어보는 하늘
하늘문 열리는날 슬며시 놓아둔 그마음

그 마음 열리는 날

길잃은 바다

큰 파도 다가와 넘어지다
소용돌이 바람 파도를 만나다

감정길 헤매어 놓여지다
파도 너울 온바다 헤어지다

다시는 마주할수 없어 그 앞에서 두눈 감고 장님되다
다시 볼수 없을 파도 밤새 가슴만 에이다

파도는 밤새 문 두드리고 바다는 밤새 울었다

파도에 부딪힌 그겨울

바다
가야할 길을 잃다

겨울을 배운다

마음깃든 붉은산 익어가는 나무옷깃
말하지 않아도 고개 숙인다

숲나무 깃든 삶 불러도 불러도 정겹다
붉은옷 걸어와 안긴 가을가슴 보아도 보아도 뜨겁다

꽃져야 새잎나고 그잎 놓아주어야 이겨울 난다

흰머리 되어서야 놓을줄 아는 세월묻은 미련
그잎과 나란히 마주한다

걸어서 걸어서 오늘도 겨울숲 찾아 나선다

보듬어야 겨울지나고
오래 견뎌야 봄 맞이한다

걸어서 걸어서 이제서야

홀로
찬바람 맞이하는 겨울을 배운다

밤새 흩뿌리는 희망

커다란 바람 스러진 거목
기대어 자라는 거목아래 돋은 작은 새순

바람에 맡겨두는 작은 뿌리내림의 인고
작은시련 스러지는 좁고 우매한 마음

그마음 아래 꿈틀거리는 작은인내
시간에 맡겨보는 작은마음의 발돋움

상처를 뒤로한 기다림
희망 마주하고 머뭇거리는 기다림

기다리고 인내한 수줍은이의
저만치 앞길에서

희망의 꽃잎 빚어 밤새도록 흩뿌리다

뵈여도 안뵈이고 들어도 안들리기

위심委心

고요하고 고요하여 더 놓고져 하는것이 없다

평온하고 평온하여 더 구하고져 하는것이 없다

이 고요함과 이 평온함을
어떤이는 적막하다 말하고 어떤이는 외롭다 말한다

고요는 마음에서 머무르고
평온은 마음을 다독이니

마음을 맡겨둔 이는 고요한 자비와 친숙하다

그리움 걷는길

나무 흔들림 그친날 바람 가던길 멈추다

구름 그친날 하늘 가던길 멈추다
파도 그친날 바다 가던길 멈추다

그대마음 가야할길 막아선 그날

사랑
그길 이제 멈추어야 하는데

그대의 사랑은 아직 가던길만 가고 있다

그길 뒤에서
소리죽여 그대의 발자욱따라 그리움이 걷는다

아린소리 감추려 숨죽여 걷고 또 걷는다

눈꽃지는 날

풀잎지고 눈꽃 흩날리던 날
하늘 문 걸어잠그고 바람 멈추던 날

눈감긴 거리에서 발걸음 멈추던날
홀로 먼길 보낸 그대소식 더 멀어진 날

나의 사랑은 나를 이기지 못했다

그날

나의 미움은
나의 사랑을 이기지 못했다

그날 그대에게 갑니다

하늘 맑고 바람 따스한날
나무 허물잃고 잎 스러져 차가운날
바다 잔잔하고 파도 길 잃은날
눈가에 이슬맺히고 가슴 먹먹하여 숨멎는날
내 눈물 하늘 가리우고 바람 울리는날

그날

나는 그대에게 갑니다

밤눈

가만 가만 밤새 내리는 눈 마주하면 눈은 꽃송이 같다
그러니 예쁘지 않은 눈이없다
비는 흘러 흘러 그리운 강으로 간다

눈은 머무른 첫자리 그대로
웃어도 울어도 그대곁만 맴돈다

떠나지 못하는 미련
스스로 녹아 저를 잃어야 떠나는 미련

그대를 잃지못한 눈이 밤새 그대가슴에 내렸다

그대에게

하늘 구름밀어 그대에게 달려가다
바다 파도밀어 그대에게 밀려가다
바람 눈물밀어 그대에게 달려가다

사랑 그리움 밀어 그대를 깨우다

세상에 숨쉬는 모든것이 되어 그대에게 가다

그대가 사랑하는

하늘되고
바다되고
바람되어

눈뜨고 눈감는 그날마다 그대에게 달려가다

그리움

파도넘는 너울 기억넘은 세월

외길가 잊혀진 풀잎
하늘거리는 꽃잎 잊혀진 낙화

열린 하늘구름속 걸어가 안긴 마음
바다노을속 잠긴눈동자 마주한 고운빛

님발자욱 소리따라
흔들리는 기다리는이의 심장

고요함 잠들고 머뭇거려도
다시 돌아오는 외길

고운님 마음길 따라
한발한발 걸어보는 그길

머물러 그윽하고
향기깊어 눈감은 가슴속 그말

그리움

닿지않는길 머물지 못하는길 미련하도 간다

그발길 멈추려 억지로 가슴죄지 마라

놓을수 있을때 그때가 되면 재촉하지 않아도 심장이 먼저 놓는다

더딘마음

하늘에 던져둔 마음
여리고 또 더딘마음

세상밖 거친 파도 헤쳐내고
다듬질한 산바람 넘나드는 여린마음

그마음 담아 던져둔 평온함
가슴에 담은 숨쉬는 하늘

산이 만들어내는 구름
구름이 만들어내는 하늘

더디 가고 더디 돌아오는
무딘마음

나의 사랑

열어도 열리지 않는 하늘
닫아도 닫히지 않는 하늘

날마다 차고 날마다 넘치는 달
날마다 기울고 날마다 기울어지는 달

해뜨면 내려두고
달뜨면 찾아헤매는

날마다 날마다 달 기다리는 별

하늘눈물

하늘눈물 떨어져 풀잎 옷자락에 내려앉다
옷자락 여미어 마지막 잎자락 그눈물 모으다

달님 구름 눈감기고 별님 재우다

흘린 눈물 숨죽여 삼키다
남은 눈물 대지에 떨구다

그밤 눈물 모아 이슬된 아침

그 아침의 찬란함
그 아침의 속삭이는 눈부심

지금 네게 보낸다

눈물

소유하고져 하면 지나쳐 저만치 달음질치고
놓아주고져 하면 어느새 저 앞에 우뚝 서있는

하나아닌 둘로 남는 응어리
영혼의 미소유로 남는 허상

숨결담아 전하는 심상의 언어
손끝에 담겨있는 오롯한 마음

놓지 못하는 진실 한길로만 열려있는 허상

신이내린 가슴의 소리
소리내지 못하는 원망

눈물

그대 뒤안길

일지못해 남긴상처
알면서도 남긴 도흔

원하지않은 흔적
원하여 남긴 아픔

말못한 고백 뒤늦은 후회

딛지못한 아쉬운 소망
뒤늦은 서글픔

스스로 선택한 그물망
공존하지 못하는 분주와 고요

가지못한 길에 대한 아쉬움
세월지나 뒤돌아 마주한 멀리와 있는 그대

자유로운 그대안에 세상을 담다

눈감고 핀 꽃

바람숨 꽃가지에 내려앉다
눈감춘 꽃송이 바람뒤에 숨다

감은눈 열고 상상한 별빛같은 세상
어둠속 빛나는 손내민 바람

조금만 바라보고 잠시만 기억하는 설움

오래 바라보고도 가슴에 담고도 굶주린 여운

하고픈 말은 꽃속에 담고
그리운 원망은 가슴에 담다

두고온 꽃

눈감고 널 그리다

너의눈 열리는 소리 귓가에 담고
푸른잎 물결속에 숨쉬는 너의 향기 내발길 놓치다

소리 놀라 고개 돌릴까 나를 탓하다
너홀로 머물러야 하는 세상

가지못하는 나
저홀로 두고 가지 못하게하는 꽃

네눈 감겨주고 나 눈감으려 네곁에 앉다
발길은 뒤돌아 걷고 마음은 뒤돌아 애석하다

마음은 네게 두고 오늘도 내신만 걷는다

홀로피어

그대 내게 오지 않기에 가던길 멈추었다

그대 찾아 길 나서지 않으련다
홀로 피겠다하여 그냥 두련다

세상맞이 고통 감내하고 피어오르기를 기다리련다

홀로피어
세상 나서고 싶은 그때 한껏 보아주고 격려하련다

그대 내게 올 수 없으나
그대향기 기다리는 나를 찾거든

설움 묻어두고 그대에게 달려가
우는가슴 그 세월 안아주련다

희망아

희망아 가자 . . .
너도 가고 나도가자

네가 가도 좋고 내가 가도 좋다
네가 멈추어서면 나 앞장서 널 부르마

나 잠시 멈추어 서거든

잠시 안개속 나무와 눈맞추고 흔들리는 꽃잎 잡아주는 내탓이니

재촉말아 서둘지말아
저만치 앞장서

안개속 꽃잎 슬며시 내손 위 놓아주렴 . . .

회한悔恨

바람섬 멈추어선 그곳 그대 머물다

밤새 내린비
발목 부여잡고 놓지않을 그길 홀로걷다

곱게 접은나래
깊게 담아두는 세월

마음눌린 그대의 짐 다른이의 혼 짊어진 그대세상

그리고

밤새 넘치는 그리운 회한의 무게

하늘의 눈으로 땅의 마음으로
이제
그만 접어두기

천년솔

오랜세월 침묵히고 검은섬에 내려앉다
한라산 백록신수 지켜낸 솔 한그루

천년전 하늘문 열리는 그날 희망품고 그섬에 내리다

하늘문 닫히고 구름 슬피우는날
안개 흩뿌려 슬픔 거두다

신의 마음도
흔들리게 만드는 솔바람 운무담아
천번의 선업을 지어야 승천하는 비룡솔

하늘문 열릴 그날

승천 준비하는 그의 마지막 옷자락에
나의숨 불어 그를 깨우다

세상눈 감고 가슴품은 그대 비룡솔

파도 기다리는 섬

멀리서 그대 오는 소리

파도한번 밀물한번 다가오는 소리
바위 부딪혀 놀라는 소리

한걸음 물러서고 다시 두걸음 다가오는 소리
갈매기 앉은 자리지나 솟은 바위 잠재우고

그대 밀려오는 소리
그대 섬 다가오는 소리

그대 올때만 울리는 소리

그대만 기다리는 바다 품은 섬

먹향따라

마음 담아 눈감은 손
꽃심 담아 눈감긴 손

마음 닿아야 빛어지는 꽃

한올 두올 한지위 검은먹 수놓은 춤사위
먹향 수놓은 지세운 밤

밤새 피어나는 한지속 꽃길
먹향져야 꽃지는 아침

꽃잎따라 피어나는 먹향머금은 붓손 가는길

굵은마디속 숨은 여린꽃마음

고운길 나서는 날

곱고 고운 그대
고운길 나서는 날

묵내음 두손 밤새 그린 묵모란
그대 깃에 여미어 드리우고

가시는길 먼저나서
한잎 두잎 꽃길 놓아드리고

돌아오실 그믐밤 그길 언저리마다
딛으실 고운신 한걸음 앞서

밤새
그꽃 먼저 그려두고 산모퉁이에서 기다리나니 . . .

산품 안겨 넋잃은 내님
날잊고 꽃길만 기억하더라도

이밤

피는 꽃에 마음담고 지는 산그림자에 그대 담으리 . . .

세월지기 거암

머물지 않는 마음 비워준 하늘
넘치지 않는 마음 내어주고 침식된 바위

파도 밀려와 채워진 넉넉한 가슴
밀려오면 내어주고 가는길 밀어주는 이

바람길 열어 흔드는 파도와
그 영혼
지키고픈이의 오랜침묵

내어주는 이의 미련한 기다림이 빚어낸
세월지기 거암신의 긴 파도앓이

눈뜨는 꽃

꽃잎 눈뜨기 겁나지 않았다

겨우내 얼어붙은 땅 따스한 온기 파고든 그날
꽃봉울 눈 열고 바람에 꽃잎던지다

감은눈 세상 행해 눈을 뜨다

작은바람 길을 묻고 거친바람 밀어내다

세상속으로 숨멎을 그날까지
그대 아름다운 홀씨 오늘도 날리우다

꽃 지는것은 두렵지 않다

두고온 길

구름이 두고간 물그림자
바람이 두고간 오랜 두드림

한낮이 두고간 바다에 누워잠든 노을
밤이 두고간 고요를 가장한 적막한 새벽

누군가가 두고간 하루 보내야하는 모든 날들
두고 가야하는 이의 애달픈 마음

스스로 남겨신 이를 위한
하늘의 위로

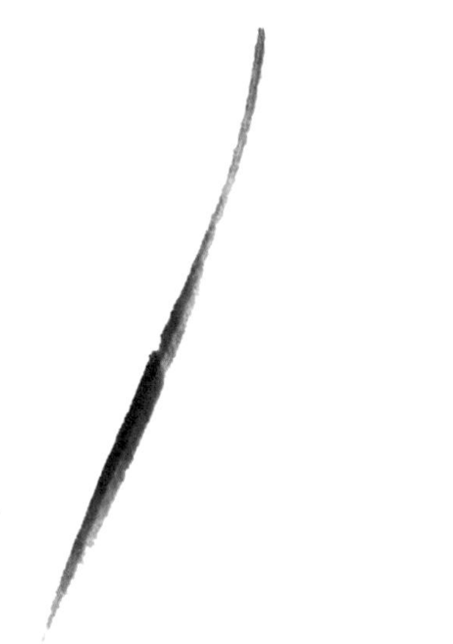

낙화

미련한 마음 가지런히 접고 접어 지렵니다

오늘은 지렵니다

설움 접어 날리우고 그리운이 고이접어
이제는 지렵니다

한송이 종이꽃되어
그만 지렵니다

나 지는 그때에 무딘 그대 알지 못해도
서럽다 울지않고

곱게 접어 지렵니다

솔바람 곁에서

님을 뒤따른 수많은 아들의 기도를 듣습니다

걸음걸음마다 비우고 놓았을
잠재운 침묵의 번뇌

손가락 끝 닿는 인연 뒤로하고 여미였을 無의 마음

솔바람 대숲에 잠재우고
마음 멈춘 그길 자리자리마다

어린마음 손모아 그 모습 담는것도 욕심인지라
마음 그곳에 두었으나

맘여린이 불일문 나서다 뒤돌아
후박나무곁 님께로 갑니다

바다에 기대어

하늘 먹 풀어 바다 눈감기고 저만치 밀어내 물들인다

파도 성큼앞서 다가오는데
그대
아직 겨울나지 못했다

홀로가는이는 하늘의 눈물이되고
비바람 남긴 먹물구름 흩어져 하늘 눈 감긴다

그리운이의 소식은 아직 그대에게 닿지 않았다

오늘도
그리운 마음 앞서 먼저 달려가 저바다 너머를 서성인다

서성이는 이는 질책하고 서성이는 바다는 그립다

오름 품에서

그대에게 다가갔으나 가지 못했고
그대에게서 떠났으나 떠나지 못하였다

마음은 가슴으로 품고 산은 바람이 품는다

그대에게 머물렀으나 잠들진 못하였다

그대에게서 시작하여
그대에게서 잠든다는 것은

밤세워 천일동안 기도하는것보다 멀다

두개의 심장

산얼 가리우고 바람 산허리 감싸안는다
고요함 바다에 내리고 바람 눈 감는다

지나간 심장과
다가오는 심장 부둥켜안고 운다

지은업 내려두고 산에서 잠든다

아물지못한 두개의 심장
그 심장 오늘도 산에서 운다

두려움은 산을 무겁게 만들고
소망은 바람을 밤새 꿈꾸게 만든다

가시에 찔려본 이는 상처의 깊이를 안다
무뎌진 상처는 진실을 먹고 아문다

가장 소중한것은 진심어린 마음 안에서 자란다

바람섬

뜨는해는 지고 지는해는 이른섬
두손 모은이 머물러 산과 물을 흔드는섬

오늘의 상심 내리고
이생의 비업悲業 닦는곳

돌아갈 그리운 고향 꿈꾸며 기다리는 섬

넘치지 아니하는 중심
깊은배려 온전한 세심洗心의 섬

나인 그대들과 그대들인 내가
바람되어 가는 섬

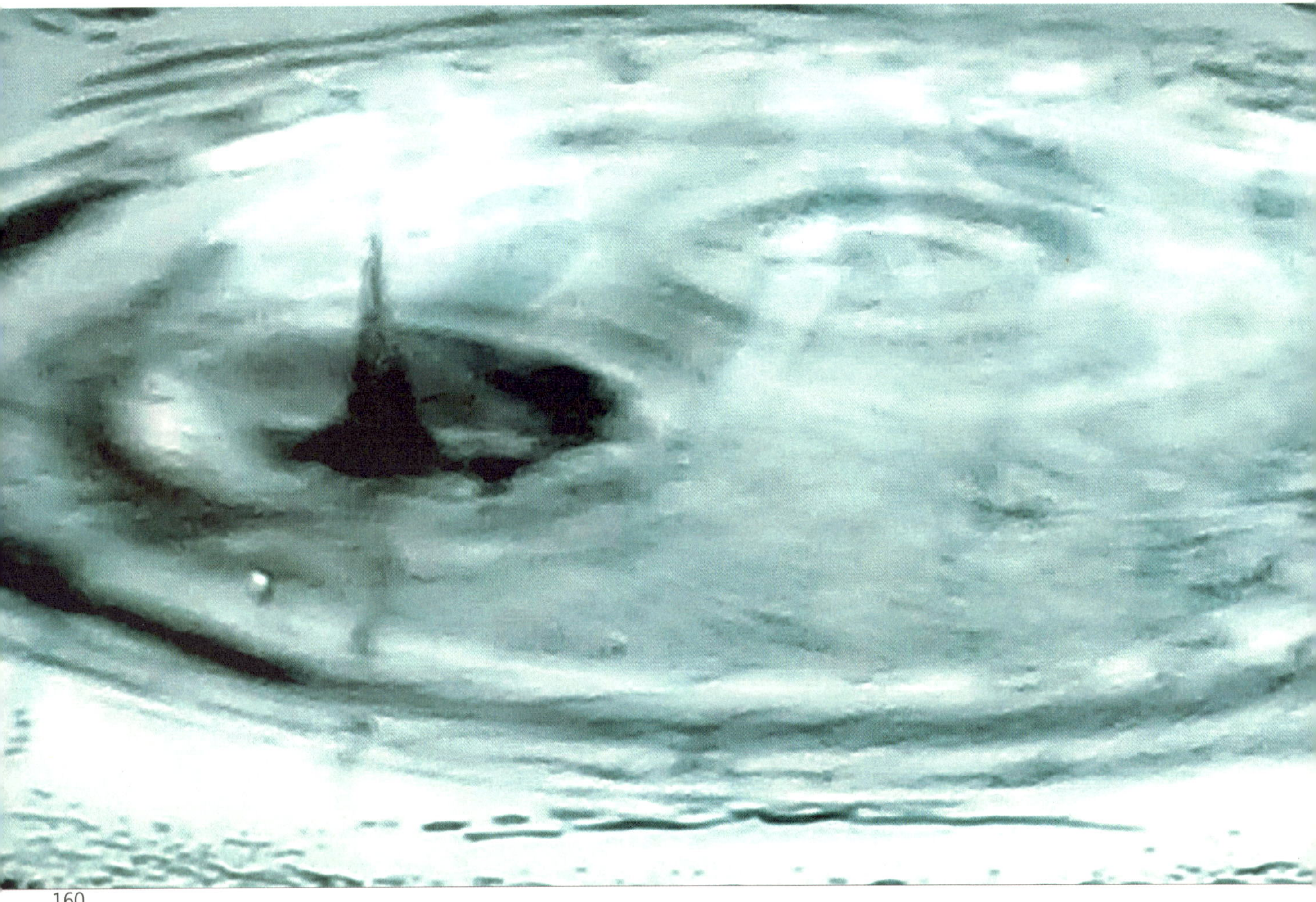

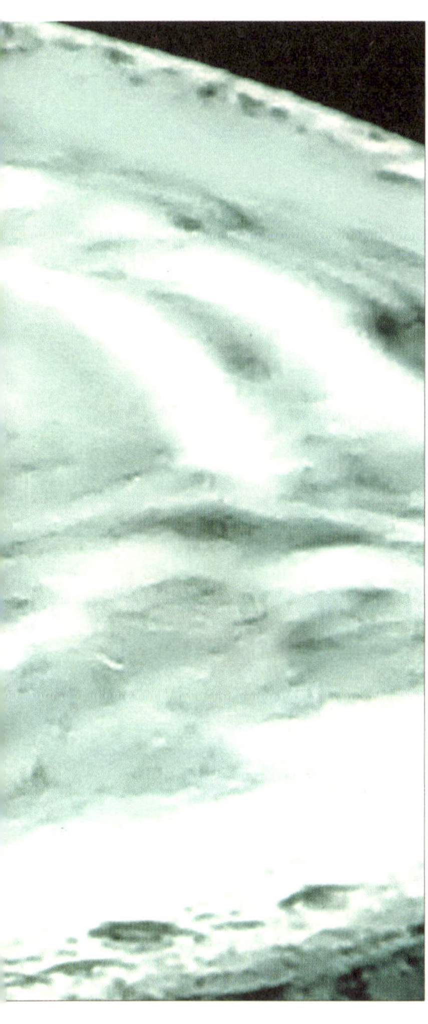

無心으로

담지않고 담아지지도 않는 것
비운다는 그 마음 조차 없는 것

눈감고 귀닫고 입 가리우는 것

홀로 가는 것
홀로 익히는 것
홀로 깨닫는 것

오롯이 마음 눈감기는 것

열었으나 담아지는것은 내 것이 아닌 것
본디 그 자리로 돌이기는 것

가고자하는
그 마음조차 잊어야 하는것 . . .

無로 가는길

낡은신 벗어두고 그대 길을 나서다
살타옷 내려두고 뒤돌아 본향을 향하다

이날이 오는것을
이날이 도래한것을

그대도 알고 나도 알고 있었다

세상에 보내진 그대의
모든 과보 허물되어 벗어둔 그날

천상향해 길 나서던 그날

그대는
너른 못에 홀로핀 인연의 그림자 같다

아직 우는 너에게

울지마라
네가 우는 소리 들려주려 그리 섬자락 부딪치지 않아도
네가 오는소리 가슴에서 울리니

울지말아
네 품에 그리움 쏟아내려 그리 밀려들지 않아도
너의 그리움 내가 담았으니

울지마라
바다 한가득 너의 소용돌이
그한가운데 너를 홀로 남겨둔것이 아니니

울지마라
네가 우는 소리 소리마다 가슴에 눌러담고
너를 끌어안고 여기 있으니

너를 울리지 않으려
날마다 날마다 너를 품고 가슴치고 있으니 . . .

| 해설 |

안선진 시인에게는 모든 것이 동사다

김순진 (문학평론가 · 고려대학교 평생교육원 시창작과정 교수)

안선진 시인이 또다시 자신이 찍은 사진에 자작시를 얹은 사화집을 낸다. 안선진 시인은 자연과 사람을 동일선상에 놓는다. 그에 있어 사람은 자연을 관장하고 관리하는 만물의 영장이 아니라 인간도 자연의 일부로 자연과 함께 살아가야만 하는 존재다. 안선진 시에 있어 인간은 자연에서 나고 자연으로 돌아간다. 안선진 시에는 결코 고사리를 뜯거나 돌을 주워오지 않는다. 꽃게를 잡지도 물고기를 낚시하지도 않는다. 안선진 시인의 시에 나타난 주된 사상은 에콜로지즘이다. 즉 생태주의인데, 그녀는 아름다운 자연을 사진을 찍고 자연의 마음을 사람들에게 전할 뿐, 인간이 자연을 훼손하고 파낼 자격이 없다는 생각이 시 속에 함축되어 있다.

사람들은 자연에게는 마음이 없는 줄 안다. 자연에게는 뜻이 없는 줄 안다. 그것은 매우 심각한 오류다. 자연에게는 존재의 마음뿐만 아니라 해체의 마음도 있으며, 성장하려는 청년의 마음뿐만 아니라 늙음을 인정하는 노인의 마음도 있다. 그리고 꽃을 피우려는 아름다운 마음도 있지만 자신을 나누려는 나눔의 마음도 있다. 그런 자연의 마음을 안선진 시인은 잘 알고 있다. 그래서 결코 꽃을 꺾거나 나무에게 철사를 휘감아 분재를 감상하며 자연의 고통을 즐기지 않는다.

안선진 시인에게 있어 사람도 자연이 된다는 증거가 곳곳에 묻어난다. 그의 시 「산이 된 네게」라는 시를 읽어 보면 사람의 눈 속에 맑은 산이 담겨 있으며, 사람의 가슴속에 고요한 산이 담겨 있고, 사람의 품속에 그리운 산이 안겨 있다. 그리하여 그런 산을 만나는 사람은 이미 너른 산이 되어 있다고 말한다. 그리하여 그런 산을 자주 만나러 가는 사람은 그 마음이 깊은 산처럼 우직하다고 말한다. 산을 자주 만남으로 인해 인간의 세월, 즉 나이를 따지고 주머니사정을 걱정하고, 이득을 생각하는 인간의 치졸한 마음이 잠든다고 말한다.

안선진 시인에게는 결코 죽은 것도 없고 결코 무생물도 없다. 안선진 시인의 눈에 보이는 모든 것들은 살아서 움직인다. 학교 수업에서는 사물을 생물과 무생물로 놓는다. 그러나 안선진의 시에는 모든 것이 생물이다. 나무는 생물이지만 목재는 무생물이다. 그러나 시인에게는 그런 생물과 무생물의 원리가 적용되지 않는다. 나무의자의 변신을 보면 알 수 있다. 나무의자는 사람이 앉으면 의자지만, 꽃병을 올려놓으면 화분받침대다. 의자 밑에 강아지가 자면 강아지집이고, 의자 등받이에 옷을 걸면 옷걸이다. 나무의자가 오래되면 삐걱거리는 의자가 되는데, 삐걱거리는 의자는 인간에게 비유돼 시의 소재가 될 수 있다. 그뿐만이 아니다. 의자가 부서지면 막대기는 부지깽이로 쓰일 수도 있고, 할머니의 지팡이로 쓰일 수도 있으며, 고추의 지지대로도 쓰일 수 있다. 그리고 마침내 의자가 제 수명을 다하여 아궁이 속으로 들어간다면, 주인의 등허리를 따스하게 지져줄 수 있는 안마사가 되며, 재는 또다시 농작물의 거름이 되어 자연의 윤회가 수행된다.

안선진 시인에게는 모든 것이 동사다. 모든 것이 제 역할에 충실하며 활발하게 움직이고 있다. 그래서 그는 '한다, 먹는다, 간다' 같은 동사를 씀에 있어서도 자주 기본형을 쓴다. 즉 '하다, 먹다, 가다'와 같이 쓰는데 '그것은 사물의 존재, 자연의 존재가 소멸의 존재가 아니라 현재진행의 존재라는 것을 암시하기 위함이 아닌가'라고 나는 판단한다. 그래서 그는 "산자락에 머물다, 눈감기고 열리다, 하늘을 열다, 닫아주고 묻어주다, 안아주고 열어주다, 곱게 새겨 품어내다, 너른 세상 눈감고 산을 품다, 한 발 더 파도길 딛어 보다"와 같이 시의 어조를 동사의 기본형으로 마무리한다. 그것은 죽음까지도 삶의 일부라는 윤회, 즉 불교사상에 기인한 것이리라.

안선진 시와 사진

해 지는 것은 달 기다리는 까닭이다

초판인쇄일 2019년 2월 8일
초판발행일 2019년 2월 15일

지은이 : 안선진
발행인 : 김순진
편집장 : 전하라
디자인 : 김초롱
펴낸곳 : 문학공원
등 록 : 2004년 3월 9일 제6-706호
주 소 : 우편번호 03382 서울 은평구 통일로 633
녹번오피스텔 501호 스토리문학사
전 화 : 02-2234-1666
팩 스 : 02-2236-1666
홈페이지 : http://cafe.daum.net/yob51
이메일 : 4615562@hanmail.net

※ 책값은 뒤표지에 있습니다
※ 저자와의 협의에 의해 인지는 생략합니다

이 도서의 국립중앙도서관 출판예정도서목록(CIP)은 서지정보유통지원시스템 홈페이지(http://seoji.nl.go.kr)와 국가자료공동목록시스템(http://www.nl.go.kr/kolisnet)에서 이용하실 수 있습니다.
(CIP제어번호 : CIP2019002807)